いま、〈平和〉を本気で語るには

命・自由・歴史

JN138055

ノーマ・フィールド

写真（表紙・二頁）＝宮川秀憲撮影

岩波ブックレット No. 990

＊本書は、「北海道宗教者平和協議会」結成五〇周年記念として二〇一五年一一月七日、札幌北光教会において行われた著者ノーマ・フィールド氏の講演をまとめた同協議会の『今、いかにして本気で〈平和〉が語れるか――あるいは①ひとはなぜ、掛け替えのない、はかない命を守ろうとしないのか、できないのか　②「逆さまの全体主義」に抗するために』（宗平協ブックレット、二〇一六年一一月一日発行）に加筆・修正したものである。

1　本気で〈平和〉を語ることの困難

北海道宗教者平和協議会結成五〇周年記念という大事な場にお招きいただいたことを心から感謝いたします。実はこのお招きをお受けするにあたっていちばん悩んだのは、こういうことです。つまり、宗教者として具体的に平和を求める取り組みをしておられるみなさんを前にして、どんなお話ができるか、まったく自信がなかったのです。「宗教者＝平和の専門家」のような前提が脳裏にあったのかもしれません。一瞬でも歴史を顧みれば――いや、歴史に照らすまでもなく、これは安易な捉え方とわかりますが、とにかく、今日お集まりのみなさんに、なにが提供できるのか、ずいぶんと悩みました。そういうなか、はっきりしてきたのはみなさんから学びたい、ということ。こういう下心を抱えて今日ここに参りましたが、プログラムの前半の発表と、息をのむほど美しい、迫力に満ちた声明を聴いて、その期待が正しかったことを存分に感じています。

さて、どういうお話をするか迷うなか、とても長いタイトルを付けることになりました。蛇足ですが、いつもこうしてご紹介いただくとき、訳のわからない経歴でご苦労をおかけしてしまうのです。昔は『源氏物語』をやっていました。そう、あの『源氏物語』です。源氏を勉強しているときに出会ったのが物語文学で画期的な研究を残した三谷邦明《みたにくにあき》さんという研究者です。すでに故人です。私にとっては唯一の「恩師」ですが、彼の価値観を尊重して「三谷先生」とは申しません。タイトルと講演の主旨について悩んでいたとき、三谷さんはよく難しい論文に「あるいは」ではじまる副題をつけていたことを思い出し、気を取り直しました。「今、いかにして本気で〈平和〉が語れるか」という本題に、欲張って副題を二つ付けました。一つめは、「ひとはなぜ、掛け替えのない、はかない命を守ろうとしないのか、できないのか」。二つめは、「「逆さまの全体主義」に抗するために」、です。「逆さまの全体主義」とはつい最近出会った表現ですが、説明は後ほどさせていただきます。

まず、なぜ〈平和〉を語ることがむずかしく感じられるのか、いくつかの例を拾ってお話しいたします。ここでお断りしなければなりませんが、今日はレジュメの代わりに「引用・参考文献」リストを用意いたしましたので、話の流れに従ってご参照ください(本書四三頁)。

①は拙著『天皇の逝く国で』の増補版に出てくる浦部頼子《うらべよりこ》さんという山口県在住のクリスチャンの方の話です。増補版は二〇一一年、ちょうど3・11の後に出たものです。近年、浦部さんは原発や米軍基地など、地域の社会問題に関わっていらっしゃいましたが、半世紀に及ぶ活動の中心は自衛官の夫の合祀への反対を最高裁まで闘った、おなじくクリスチャンの中谷康子《なかたにやすこ》さんの支援でした。最高裁では逆転敗訴(一九八八年)となりましたが、浦部さんは毎年率先して中谷訴訟が提起する問題——政教分離や信教の自由と女性、戦争責任、等々——をテーマにした講演会と集会を企画しつづけておられました。いつも颯爽《さっそう》とされていましたが、残念ながら、二〇一三年に膵臓《すいぞう》がんで亡くなりました。

浦部さんには二〇一一年に増補版のため、再度お話をうかがうことができました。そのなかで一瞬びっくりする感想がでてきました。中国大陸で戦死した父をもつ浦部さんは、子どものころ、その父の戦死を誇りに思っていたそうです。しかし大人になって、本多勝一氏の『中国の旅』(初版一九七二年)を読んだとき、刀を振りかざす日本兵の写真をみて、ひょっとしたらそれが自分の父ではないか、誇りに思っていた父親は中国人を殺していたのではないか、と恐怖にかられてしまいます。そういう浦部さんは、「八月報道」――みなさんおわかりになりますね――八月報道に対して厳しい意見をお持ちでした。一年のうち一一カ月は戦争のことを考えない人たちが八月になるとテレビや新聞で戦争について振り返らなければならない。そこになんの意味があるのか、と。浦部さんは「戦争体験談を読んだり聞いたりするのが嫌い」、とおっしゃるのです。「パターンとして、必ず戦争のむごたらしさ、悲しさが語られ、二度と繰り返してはならないことが訴えられる。もしその体験者がほんとうに金輪際、戦争はイヤだと思うのであれば、具体的行為に繋がるはずではないか。例えば、五五年体制下の選挙のとき、日本遺族会が票田となり、天皇や閣僚の靖国参拝を求め、有事法制施行などをとおして憲法九条の改悪を図った自民党に票を入れないはずではないか。「戦争は二度と……」という人たちがすべて自民党を拒んでいたなら、世の中はちがっていたはず」

彼女の厳しい意見に接した私は、「でも浦部さん、それは現実的じゃないんじゃない。一年に一回でも思い出してもらったほうが、思い出さないよりはマシではない？」と少しばかり抗議したくなりました。もちろん、彼女がおっしゃりたいことは痛いほどわかります。本気で戦争を二度と繰り返してはならないと思うなら、なぜ私たちは八月以外にもその信念を貫き、行動に移そうと必死にならないのでしょう。

次の例はまったくちがう次元のものです。つい最近ヨガ教室の帰り、仲間との話のなかで出てきた課題です。私は退職していますが、彼女は五〇代でしょうか、シカゴ大学出版局の編集者です。二〇一四年だったでしょうか、大晦日に、ホームパーティの最中に具合が悪くなり、救急車で運ばれることになってしまいました。極めて珍しい心臓疾患が見つかり、九カ月も治療にかかったそうです。

しかし彼女がいうには死に瀕して、生きていることのありがたさが実感できたのはせいぜい半年。このごろは夫や娘に「散歩に出よう」と誘われても、「いや仕事がある」とついつい断ってしまう。キャリアの大切さ、しっかりすり込まれた競争意識、そして仕事のおもしろさ。娘や夫と時間を過ごすことの大切さぐらいはわかっているし、散歩も好きなのだ。なぜ命拾いをしたのにその切実さがこんなにはやく薄れてしまうのだろう。悩ましい。健康とは失われるまで、ありがたさがわからない、とよく言われますが、平穏な日常もおなじようなものなのでしょう。平穏＝退屈、と意識化して、あえて守ろうということにはなかなかならない。でも、ことはもっと屈折しているように思えます。そもそも多くの人にとって、日常は退屈であっても平穏ではありません。暮らしを支えるために必死だったり、ヨガ仲間のように自ら選んだ、選びつづける心地よい厳しさに支配されたり……。

戦争にせよ、深刻な病にせよ、命とは奪われそうにない限り、その価値を実感し続けることが不可能に等しいようです。それは人類のさまざまな営みを可能にする原理なのかもしれません。気掛かりなのは危機が目の前に迫っても意図して日常から脱線することの難しさです。

2 「逆さまの全体主義」と現在の戦争

「逆さまの全体主義」とは②で記したシェルドン・ウォーリン（二〇一五年一〇月二一日没）というアメリカの政治思想史家が名付けた概念です。つい一〇日ほど前に亡くなっています。追悼文を読んでいたところ、この概念に出会い、これは私たちがいま生かされている状況をよく捉えているように思えたのです。時代を把握するための道具としてここでご紹介しておきます。

ウォーリン氏の日本語訳は二、三点ほどあるようですが、「逆さまの全体主義」（「逆・全体主義」、「反転した全体主義」とも）という表現はイラク戦争当時、つまり9・11にはじまるアメリカの転機のころ出始めています。イラク戦争はいわゆる「リーマンショック」以前に始まっていることも記憶に留めておきましょう。どういうことかと言いますと、まずはカリスマ的リーダー、絶対的権力者――ヒトラーが想起されますが――そういうリーダーは見当たりません。名も顔もない企業国家体制下で、選挙、憲法、公民権、報道の自由、司法の独立などなど、建前としては維持されているようで、実質的に市民は無力感に追い込まれている。政治の中身が消えてしまった政党活動。いまアメリカはまさにそういう状況にあって、二〇一六年の大統領選挙がいつになく悩ましく思えます。世界の運命を左右するアメリカの大統領選挙ですからことさら気掛かりです。

名も顔もない企業国家と申しましたが、アメリカでは二〇一〇年の最高裁判決（シチズンズ・ユナイテッド対連邦議会選挙委員会、Citizens United v. Federal Election Commission）の結果、企業に表現の自由が認められてしまいました。つまり、企業による政治献金が「表現」として保護されるべき、と定められた結果、金権政治に一切歯止めがなくなってしまったのです。企業が人の顔をするようになった、とも言えるでしょう。でもこれはハロウィーンの仮装ではなく、表現の自由を保持しながらも、国民一般に課せられる義務や責任からは自由な存在なのです。罪を犯してもほとんどそのことは問われない。「小さな政府」のかけ声のもとにあらゆるレベルで予算削減が実施され、各部門の規制担当者の数が大幅に減らされています。例え多額な罰金が科せられても、莫大な資本を蓄積してきた企業や銀行にとっては蚊に刺されるようなものです。どうみても、大企業はやりたい放題が現状です。

それに比して血が通う市民は負担ばかり重なり、権利は形骸化する一方です。「逆さまの全体主義」の経済システムは新自由主義といえるでしょう。たび重なるリストラ、そして年金、医療保険、社会福祉全体の予算削減がまるであたりまえのようになってそろそろ四半世紀にもなります。公教育のさらなる管理化によって親も子も教員も、学ぶことに喜びはなく、疎外感を味わうばかりです。労働組合など当てにならない、ふるい話。こうした現状は自然発生的なものではもちろんなく、長年の政策の積み重ねの成果です。これらの傾向にさらなる拍車を掛けているのがインターネットです。インターネットの単位はクリックです。人間の営みすべてがクリックに媒介される世の中。そんな時代に突入してしまいました。刺激と快楽を覚える世代がいるにせよ、その背後には不安が潜む。

不安が蔓延《まんえん》する社会は余裕がない社会です。選択肢が見当たらない。ひたすら日々の暮らしに追われていると、自分が置かれた場を把握することもむずかしい。安倍晋三氏が象徴する勢力は日本国憲法や改悪前の教育基本法は個人と個人の権利に重きを置きすぎとし、国民の義務を前面に打ち出そうとしています。アメリカでは「個人主義」が「自由」という建国以来のイデオロギーの中心にありますから、「個人」は否定はされません。むしろ「小さな政府」、「規制緩和」のために担ぎ出されます。銃の規制反対にも一役買っています。「国民の義務」を標榜するにせよ、「個人の権利」を強調するにせよ、一般市民の存在は、企業や国家に対して影が薄くなるばかりです。

イギリスの故サッチャー元首相は規制緩和、自由主義経済など「構造改革」政策の柱を指して、「他に選択肢はない」(There is no alternative＝ＴＩＮＡ)という表現をよく使っていました。それは安倍首相も賛同するスローガンだそうです。しかし、ちょっと考えてください。この言葉はなんと的確に全体主義を表していることでしょう。サッチャー元首相は独裁者とは言えません。彼女やレーガン元大統領や中曽根康弘元首相や小泉純一郎元首相の政権下で作り出されたのは「逆さまの全体主義」社会です。注意すべきは、「逆さまの全体主義」はつねに無力感と失望と孤立を産出するため、状況次第で「逆さま」ではなく、「顔が見える」、正規の全体主義に逆転することが充分予想できることです。アメリカの大統領選に向けて、過激な発言、国の長を目指す人物なら公ではばかるような発言を連発することで支持層を増したドナルド・トランプ現象には背筋が寒くなります。安倍晋三氏の行く先も多くのみなさんとともに気掛かりでなりません。

「他に選択肢はない」という言葉は経済システムを指していると同時に世界そのものを意味しています。ちがった世界は有り得ないのだから、望むことは現実がくみ取れない、駄々をこねる子どもに等しい、と。ＴＩＮＡとは――明日の、来月の、来年の暮らしが約束されない社会、生き甲斐など無用な社会――そんな社会とはちがったものを想像することすら排斥する思想です。数年まえ、日本では「空気が読めない」ことを略して「ＫＹ」という表現が流行《はや》りましたが、ＫＹとは補うべき欠落ではなく、全体主義に対するささやかな抵抗、と解することもできるでしょう。「空気を読む」のに長《た》けることは、命を守ろうとすることすらはばかる心理を肯定してしまうことですから。

戦争に話を戻しましょう。日本ではいつまでも「戦後」が語られている、これはおかしいのではないか、という考え方があります。しかし「戦後」が七〇年経っても語られることは意味深いことです。思えば、アメリカには「戦後」がない、と言えなくもありません。第二次世界大戦がアメリカ社会に多大な影響を及ぼしたことは明確ですが、振り返ってみると冷戦は終戦をもってはじまり、初期は朝鮮戦争や東南アジアへの秘密介入と重なり、やがてベトナム戦争、湾岸戦争、アフガン、イラク戦争と、一九八三年のグレナダ侵略などは外し、主要な戦いのみを挙げても、つねにどこかの地でアメリカは戦ってきたことがわかります。つまり他国のどこかは、アメリカのおかげで「戦時中」なのです。

しかしアメリカで暮らしていると、かなりのぶん「戦時中」を意識せずにすんでしまうのです。名も顔もなく、つかみ所が見当たらない「逆さまの全体主義」のように。アメリカの敗戦に終わったベトナム戦争の大きな教訓は、徴兵制は国にとって損であること。徴兵制から志願制に移行することによって、中産階級の戦争反対の芽を摘むことができたのです。もし徴兵制が続いていたなら、イラク戦争への反対運動ははるかに盛んなものになったはずです。徴兵される当人だけでなく、ベトナム戦争期に青春を迎えた親たちも仕事をおいて反戦活動に励んだことは想像に難くありません。だからこそ――つまり、戦争反対を強化するために――徴兵制度を復活させるべきと考える友人もいます。格差がどんどんひろがり、軍隊が主要な雇用先になりつつあります。軍隊だけでなく「民営化」が進むアメリカの戦時体制においては、傭兵として戦い、殺し、殺される可能性も充分あります。

後ほど福島についてさらに言及しますが、原発事故に関しても、逃げる、逃げないの判断も、生活基盤が大きな決めてとなっています。さきほどの避難者の方の発表で、自主避難者の支援打ち切りのため、親たちは「子どもを貧困にさらすか、被ばくさせるか」という「選択肢」とは言いがたい判断を迫られている状況があきらかにされました。こうした図式に気付くと、例えばホロコーストもちがった目で見えてきます。あるとき親がハンガリー出身のユダヤ系のともだちに、「ホロコーストだって脱出したひとは故郷を捨てるだけの、それなりの基盤があったから逃げられたのね」と言ったところ、びっくりした様子で、「あたりまえでしょ」と言われました。

アメリカと戦争に戻りましょう。③に挙げた黒島伝治の『反戦文学論』には「資本主義的平和は、その実質を見ると、次の戦争への準備にすぎないのである」と書いてあります。そのとおりだと思いますが、軸を時間から空間に移すと、アメリカ国内の平和は海外で戦争する基盤を常時維持するものであることが判《わか》ります。暴力沙汰、とくに国家権力を体現する警察官による黒人男性の殺害事件が後を絶たないアメリカですから、部分的な、カッコ付きの「平和」というべきですが。さらに指摘しなければならないのは、海外で戦う戦争——侵略戦争ですね——は国内にも多大な影響を及ぼさずにはおかない、という点。例えばいまでも覚えているのは一九九〇年代に参加した反戦集会で、私が住むシカゴ市のホームレスの七五パーセントをベトナム戦争の退役軍人が占めていた、という驚くべき数値です。さらに一九九〇―九一年にかけて戦われた湾岸戦争の退役軍人もホームレスとして現れはじめているということでした。

最近の戦争ではドローンの使用が急増しています。遠隔操作の無人機であるため、使用するほうにとってはパイロットが撃ち落とされ、戦死したり、捕らわれたりするリスクがありません。しかし、サラリーマンさながら自宅から通勤するパイロットは、実際に戦闘機に乗り込むパイロットとおなじか、それ以上の率でＰＴＳＤ（心的外傷後ストレス障害）に冒されるという調査結果が繰りかえし出ています。早期退役が多く、軍にとって予想に反して効率の悪い人材なのです。戦場に出て行くパイロットほどは周囲に認められず、標的と思《おぼ》しき人間を長期にわたりコンピュータ画面で身近に観察し、いやが応でも慣れ親しんでしまったあげく、ある日爆撃命令が下される、というプロセスが重い負担になっているようです。ドローン操縦であれ、インターネット上のクラウドソーシング労働であれ、作業がバーチャル状態に限りなく接近しても、背後には精神的、肉体的に傷つく生身の人間がいるのです。「逆さまの全体主義」はそうした被害の見えにくさをも捉える表現です。

3　二一世紀の「戦後」と「平和」

二〇〇五年の二月、「フリーター漂流――モノ作りの現場で――」という画期的なドキュメンタリーがNHKスペシャルとして放映されました。バブル期とバブル崩壊後では「フリーター」という表現の意味がおおきくちがってきますが、このNHKスペシャルは戦後の経済成長で日本社会全体が表面的には中産化したかに見えるなか、終生、不安定で、希望なき労働に縛り付けられる若年層の存在に注目しています。いちばん記憶に残るのは、中国との携帯電話競争で、新機種をつくるための機械を製造するより、フリーターを使ったほうが安上がり、ということ。まるで機械が人間にとってかわるという産業革命以来の歴史が反転したかのように。

④で挙げた赤木智弘氏の『若者を見殺しにする国　私を戦争に向かわせるものは何か』は「フリーター漂流」の二年後、二〇〇七年に刊行されました。もともとは朝日新聞出版刊の『論座』（すでに廃刊）という雑誌に「「丸山眞男」をひっぱたきたい　三一歳、フリーター。希望は、戦争。」という挑発的なタイトルで発表され、さっそく話題を呼びました。赤木氏は、丸山眞男がすでに東京帝国大学の助教授だったときに、二等兵として召集され、中学もでていない一等兵のイジメを喰らったことをデモクラチックな現象として評価するのです。フリーター以外の将来が見いだせない自分。「文化的生活」をおくる見込みなどとうていない。だったら戦争のほうがま

だいい。戦場に出向いて戦死でもすれば、フリーターでいるよりは社会に認められ、人間として尊厳を回復できるだろう。それに対して、いわゆる良心的知識人の応答も『論座』で発表され、この応答に対しての赤木氏の感想が「けっきょく、「自己責任」ですか　続「丸山眞男をひっぱたきたい」「応答」を読んで」というタイトルでインターネット上で読むことができます。

例えば、福島みずほ氏の「中東の戦争に行ったアメリカの兵士は、劣化ウランで苦しんでいるではないか」という反論に対して赤木氏は、国のために戦ったのだから「社会的承認を得やすい苦痛」ではないか、と再反論します。実際のところ、アメリカ政府は劣化ウランの有害性を認めていませんから、兵士自身も、先天性障害をもって生まれた子どもを含む家族も苦しみつづけるしかないのですが。赤木氏の理屈はわかります。自分は本気で死にたいわけではない。戦争は、硬直した日本社会のヒエラルキーを流動化し得る。結果として、自分みたいなものにもチャンスがあるだろう。そういうことでしょう。

赤木氏の議論に説得力ある反論はなかなか見当たりません。従来の左派的良心や右派的ナショナリズムの立場からは彼に応えることはなかなか難しいようです。なぜなら、本人の言葉を借りれば「現在の右左両派のような「平和・不平等」ではなく、「戦争・平等」という方向性、すなわち「国民全員が苦しむ平等」」を「視線の先に据えている」からです。戦争それ自体が目的ではなく、流動的社会を作り出す道具、「必要悪」として位置づけられているのです。あまりにも希望なき見取り図で、同意するわけにいきません。しかし、戦後の「平和と繁栄」がバブル崩壊後にどういうところに行き着いてしまったか、思い知らされます。

次に、⑤に挙げた下嶋哲朗氏の著書について検討したいと思います。画家でもある下嶋さんは、長期にわたる沖縄在住経験もあり、それに基づいた著書も数々あります。今日取り上げるタイトルは『平和は「退屈」ですか――元ひめゆり学徒と若者たちの五〇〇日』、とこれまた挑発的なものです。赤木氏の本が出る一年前、二〇〇六年に刊行され、二〇一五年に「平和は「退屈」ですか　一〇年後の現在」という章が加えられ、岩波現代文庫として刊行されました。沖縄ほど平和教育に熱心な県はほかになく、小学校から高校まで、実施されているそうです。徹底した平和教育を受けた若い人たちは「平和」という言葉、その概念と実体に対してどういう感想を抱いているのか、著者の下嶋さんは気長に対話をとおして探っていきます。より正確にいうと、若者たちと元ひめゆり学徒の女性数名とのあいだのむずかしい対話を粘り強く支援したのです。

ひめゆり記念館にいらっしゃった方もおられるかと思いますが、「ひめゆり学徒」の「ひめゆり」とは、沖縄師範学校女子部と沖縄県立第一高等女学校の広報誌を合わせた名称です。エリート女子学徒の集団ですが、沖縄戦の際に二二二名が動員されました。看護部隊として日本軍と行動をともにし、負傷兵の手当てだけでなく、重傷兵には青酸カリを与え、遺体埋葬まで引き受けさせられた挙げ句の果て、無責任な解散命令のため多くが命を落としてしまいました。この本に登場する元学徒は、無残な体験が年老いた自分たちとともに消えてしまわないよう、引き受け、語り続けてくれる継承者を求めているのです。

しかし、彼女たちがいくら全身全霊で体験を語っても、伝えたいことがストレートに通じるわけではありません。「戦争？　したっていいじゃん。戦争はいけない、平和は大切だ。…わかりきったことを言い合って。わかりきった結論に達する。これってＷＨＹ?を許さない学校の平和学習と同じじゃん。興味ないです。おれはその先へ進みたいんだ」、とある男子高校生。あるいは「言葉がこころに届かない」、という女子高校生。この感想を、下嶋氏は「ためらいはあったけれども、そして気の弱いわたしだから大声で一喝されるのではないか、と怖《おそ》れも感じつつ」元学徒に伝えることを決めます。

この本には平和学習や戦争体験者の語りの今日における難点を示す例がていねいに取り上げられています。対話を続ける元学徒の場合、ふかく傷ついても「わからぬ若者」を切り捨てはせず、どういう言葉が必要なのか苦しみながら模索を続けるのです。なぜそんなしんどいことができたのでしょう。一つには自分たちの戦争体験が語り継がれることによって、ふたたび戦争が起ることを阻止するという主眼をしっかり見据えていること。もう一つは「五〇〇日の対話」という設定でしょう。贅沢な時間を費やすことなくしてふかい信頼関係はなかなか結ばれないものです。若者たちは、下嶋さんにしては歯がゆいほど遠回しで、暢気にビーチパーティなどを企画して、「食べものはなにが好きですか」、「好きな学科は」などと訊《き》く。いまの自分とおなじぐらいのころの彼女たちに近づく道を直感したのではないでしょうか。元学徒の体験はいくつもの大切な問題を秘めているのです。なぜ全員が動員に応じなかったのか。教師の責任はどうなのか。彼女たちにとって最も大きなタブーは、疎開した同窓生のこと。五〇〇日の末、ひとりの若い女性が勇気をふるってこのタブーにも接近するのです。

私自身もそうですが、戦争＝悪と確信していると、現状に対してたいへんな焦りに駆られてしまいます。しかし、それだけでは戦争の話は「暗え、つまんねえ、ダセー」と感じる人たち、とりわけ若い人たち、の説得はとうてい無理でしょう。無関心を乗りこえるにはなにが必要なのか。日本ではまだ「先の大戦」の体験者の話を聴くことができます。彼ら、彼女たちの話をながく活かすために、この本に書かれている体験はとても示唆的です。とくに注意を要するのは、伝える方も伝えられる方も安易な優しさを避けなければならない、という厳しい側面。戦争体験の語りや展示が修学旅行など、観光とつながっている場合、とくに重要な課題です。

4　過労死と不登校が物語るもの

八月一五日の日本武道館の式典で「平和と繁栄」がセットで言及されるようになって久しいですが、以前は「平和と民主主義」の組み合わせが語られていた、とどこかで読んだ記憶があります。いま裏付けることはできませんが、象徴的な変化に思えます。

戦場に送り出されなくなった日本男子は高度経済成長をうけて「企業戦士」として社会に登場します。やがてこの「企業戦士」や「猛烈社員」が過労死という運命に遭遇することになる、といえなくもないでしょう。「過労死」という表現は一九八〇年代に登場、というのが一般的な解釈です。無論、それ以前にも過酷な労働条件のため多くの命が落とされていたわけですが「怪我と弁当は手前持ち」という古い言葉が示すように半世紀ほど前までは、労働による負傷や死は身体のみの問題として理解され、ホワイトカラーとは無縁のものとされていたようです。初期の過労による犠牲者(自殺者も含む)の大半は中堅のビジネスマンだったようですが、以後、若者や女性もそのうちに入るようになります。いまだにエリート社員が主な被害者、というイメージがありますが、ブラック企業などの台頭によって、層が広がりつつあるようです。なお、「過労死」が翻訳されず、karoushi と表記されて欧米で通用することに対して、「日本のように広範な階層を巻き込み社会問題化するに「欧米は」至っていないため」という見識(『日本大百科全書』)もあれば「日本以外の世界にも広がっている働き過ぎに起因する健康破壊を端的に表す言葉」(ウィキペディア)という解釈もあります。ここで見逃したくないのは、もともと注目されなかった肉体労働者が受ける被害がホワイトカラー、とくにそのエリート層にちがった形で現れ、認識されるようになった、ということ。「ちがった形で」とは内面性、つまり「ストレス」を伴うという意味合いですが、当然、肉体労働者にも内面はあるのです。どの層であれ、要は「人間は生きるために働くのに、なぜ死ぬほど働かねばならないのか」(川人博弁護士)ということです。

――さて、「登校拒否」という現象も高度成長期ごろ認識されたようです。当初は「学校恐怖症」と語られ、近年は「不登校」が一般的のようですが「登校拒否」とした場合、子どもの主体性が伝わってきませんか。それはともかく、過労死とおなじく、今日に至るまで減少せず、イジメ自殺などを伴い、むしろ深刻化している問題です。臨床教育心理学を専門の研究分野として立ち上げた横湯《よこゆ》園子《そのこ》さんが著書『臨床教育心理学』(⑥参照)で登校拒否・不登校の歴史を書いています。横湯さんによると、一九六五年に初めて、いまいう不登校の子どもの教育を受ける権利を保障するため、「分校」が国立国府台《こうのだい》病院児童精神科病棟の入院児対象に設立されました。そこに彼女は一九七〇年から八五年まで、分校主任として、不登校の子どもの治療的教育に当たっていました。分校はかつて「戦争神経症」の将校が入っていた病棟に設置されていたのです。横湯さんはその一室に彼らが聴いていたクラシックレコードのコレクションを見つけ、処理し、部屋を応接室にしています。

分校と化した病棟の歴史が一般には知られていないことに横湯さんが初めて気づいたのは『朝

日新聞』の「戦後七〇年」特集で掲載されたある記事を読んだときです。「封印された「戦争神経症」」(⑦参照)と題する記事によると、日本人の精神力を誇りにしていた軍は欧米とちがって、「戦争神経症」(いまでいうPTSD)患者はひとりもいない、と主張していました。しかし、実際は対応を迫られていたので、国府台陸軍病院を治療の拠点に定めることになるのです。敗戦時に軍は資料の焼却を命じますが、故・諏訪敬三郎《すわけいざぶろう》病院長がひそかに病床日誌を保存したおかげで、日本兵の加害と被害体験が彼ら自身に及ぼした心的傷害の極めて貴重な記録が残されたわけです。戦後二〇年の時点で、その厖大《ぼうだい》な資料を見つけた精神科医の目黒克己《めぐろかつみ》氏が生存者を探し出し、調査を行います。しかし、諏訪病院長によってその先五〇年は論文以外、口にすることを禁じられてしまいます。解禁がちょうど戦後七〇年にあたり、目黒氏が取材に応じたので記事になり、横湯さんは分校時代に出会った歴史の破片が秘密にされていたことを知ることになるのです。

『朝日新聞』の記事には陸軍病院当時の病棟に送られたのは下士官と兵士で、将校はいなかったようだ、とあります。将校は直接暴行を受けたり下したりすることが少ないため、戦争神経症に罹《かか》る率も低かったのではないかという推測に基づいてのことです。しかし、横湯さんはたしかに「将校病棟」の痕跡を確認しているのです。最初は将校に「神経症」の徴候が認められ、徐々に兵士にも確認されていく、という成り行きは充分想像できるのではないでしょうか。登校拒否の場合も、最初はエリートの子ども、のちに層が広がり、生活保護受給者の子どもも含まれるようになるわけです。実際、どちらが先であろうと、精神を病むこと自体と、それが社会的に認められる順番には階級的要素があるのでは、と思えてなりません。

「戦争神経症」に悩む軍人の病棟が高度成長期には「学校神経症」に悩む子どもの治療と学びの場になったことは偶然に過ぎない、といってしまえばそれまでのことです。しかし、帝国陸軍の世界観では認めかねる病の治療に当てられた場が戦後の「平和と繁栄」の勢いで突進する社会が注視したくない、迷惑な子どもの病を治療する場と化したことは意味ある偶然ではないでしょうか。

日本は敗戦で戦争というあからさまな国家暴力から解放されましたが、先のウォーリンの言葉を借りれば、戦後社会は「逆さまの全体主義」の方向に進んでしまいました。しかし、それが「平和と繁栄」の旗印の下で展開したため、なかなか見えなかった。過労死も登校拒否・不登校も、その目に見えにくい暴力性を社会全体に知らせようとする危険信号に他ならないのではないでしょうか。

日本国憲法九条は救いようもなく形骸化してしまった、という意見がよく聴かれるようになって久しいです。もっと最近、日米安保条約との矛盾を無視して九条をノーベル平和賞に、などということはけしからん、という意見も出ています。いずれも肝心なことを見失っているのではないか、と思います。それはなにか、というと、平和維持を最優先する世界観が国の最高の法律である憲法に明記されている、という事実です。そして、その事実が意味することです。敗戦時の背景——押しつけだ、いや押しつけではない——を引っ張り出しても、事実には変わりなく、また戦後ながらく九条が日本人の多くに支持され、積極的に守られてきた事実も否定できません。

安保を無視してきたというより、安保についてほとんど知らずにきてしまった人たちも「戦争法案」への反対がくりひろげられるなか、ずいぶんと目覚めたと思います。「形骸化」については、九条をなくそうとする勢力があるかぎり、九条に意味がある、と確信します。自民党勢力による民主主義的価値観に反する性急でなまはんかな改憲は阻止しなければなりません。九条の命をつなぎ止めてはじめて、実体を回復・改善することが可能になるからです。

とにかく「戦争反対」の表明として、ごくささやかな九条グッズまでが規制される、ということ自体が九条の意義の証《あかし》ではないですか。例えば、⑧の『東京新聞』の記事、「九条タグ着用国会、議員会館への入館×」によると、バッグに「№9　NO WAR」と書かれた縦九・五センチ×横六センチのタグをつけて院内集会に参加しようとした女性が「示威行為」に当たるとして、タグを「外すか隠す」ことを要求されたとのことです。衆院第二議員会館の外におかれた立て看には「はちまきやゼッケン等の着用、のぼり、プラカード、拡声器等の持ち込み」が禁じられているそうです。この「等」がくせもので、それを根拠にバッジやタグがとおらないのでしょう。また「脱原発」や「戦争反対」は「政治的なメッセージ」と解され、これも「遠慮」せよ、となっています。国会という場で、市民が政治的意見を表現すること、国の憲法の一章をなす九条に無言のうちにも注意を促すことが禁じられるとはなんとも奇怪な事態ではないでしょうか。国会だけに限られません。友人から聞いた話では、用事があって東京の杉並区役所を訪れた女性が、バッグに貼った「戦争反対」のシールが警備員の目に止まり、彼が走り寄ってきて「そのバッグをしまってください」と求めたそうです。「法的根拠は」と聞くと「根拠はありません。役所から出てください」、と。

つまり、現行の九条は内容が大事なのはさることながら、存在することで自国が法治国家か否か、市民に確認する機会を提供しているのです。

5　福島の復興・分断・沈黙——被害者の自己疎外

ちょうどいまから五年前にあたる二〇一〇年の秋、シカゴ大学で翌年の五月に開催予定の核兵器と原発を合わせて考えるシンポジウムの準備を進めていました。ご存じの方も多いかと思いますが、シカゴ大学は戦時中の一九四二年一二月二日、エンリコ・フェルミ率いるチームが世界初の核の連鎖反応を持続させる実験に成功を収めたところです。二〇一一年があけて、三月に震災、津波、と原発事故が起きてしまいました。その五月以降、仲間と「アトミックエイジ・Atomic Age」と題して日本語と英語で世界の核兵器と原発のニュースを追うブログを維持してきました。今朝、ちょっと開いてみたところ、こういう見出しが目に飛び込んできました——原発反対は教会のタブーになっている」(「八幡浜・原発から子どもを守る女の会」代表・斉間《さいま》淳子《じゅんこ》さん *Christian Today* 二〇一五年一一月六日)。斉間さんは、伊方《いかた》原発再稼働反対運動のなかで、牧師さんたちは原発反対でも、信者さんのなかには四国電力で働く人がいる現状のむずかしさを訴えています。なんと象徴的な縮図でしょう(なお、二〇一六年三月二五日、四国電力は一号機の廃炉決定を発表した)。

福島原発災害は戦後七〇年が孕《はら》む問題すべてを凝縮している、といっても過言ではないでしょう。放射性物質が放つ放射線は見えない抑圧の装置に他ならないではないでしょうか。カリフォルニア大学バークレー校の教授で生物学・核物理学・化学者のジョン・ゴフマン(John Gofman 一〇〇七年没）は核兵器の開発にも携わった人です。その後、彼はどんな微量でも被ばくすることの危険を訴えることに徹して、原発認可を殺人認可に例えるほどでした。しかし、スリーマイル島、チェルノブイリ、そして福島を例に取ると、圧倒的多数の専門家はいくら人体への被害が現れても、因果関係はもとより相関関係の可能性すら執拗に否定し、まるで政府や電力会社の責任逃れを根拠づけるのに存在意義を見出しているかのように振る舞っています。

牧師が反対している教会の中でも、四国電力のお膝元では伊方原発再稼働に反対することがいかに困難か、容易に想像できます。地域社会が住民に突き付ける矛盾、それに向き合うことが要する勇気。原発問題を考えるとき、私はよく「生活と生命の乖離」と表現してみるのですが、住民すべてが経済基盤も健康も——生活も生命も——守られるような社会であったら、原発問題に限らず、他の多くの問題も解決に向かうことが可能になる、と思うのです。

本来、3・11の被災地の「復興」とはだれも異議を唱えることではありません。しかし、福島の場合、放射能汚染の性質からして、「復興」とは過酷な矛盾を産み出す装置にほかならないのです。移住支援の対極にある除染・帰還政策の必然的な結果ですが、子どもや若者が関わる場合、ひときわ悩ましいものです。国や行政だけでなく、強力なＮＰＯが乗り出すと、疑問を発する事がさらに困難となります。最近、とくに憤りを覚えたのはＮＰＯ法人「ハッピーロードネット」（巧妙な名称にご注意）という団体が主催した国道六号線の清掃活動「みんなでやっぺ!! きれいな6国」というプロジェクトです。どうみても土中の汚染が気になる六国沿いの清掃に中高生を巻き込む企画であるため、各地から反対が寄せられましたが、二〇一五年一〇月一〇日に決行されました。ややセンセーショナルな見出しですが、「子供がセシウムを吸い込む〝被ばくイベント〟が福島で決行された！」という『女性自身』（二〇一五年一一月一〇日号）の記事が詳しいです（福島と原発の問題に関しては読者層を含めて、女性週刊誌の役割は見過ごせません）。6国イベントの主催者によると、南相馬に避難中の高校生が発案者だそうです。参加した中高生のなかには、二〇一五年四月に開校したばかりの県立ふたば未来学園高等学校のサッカー部と美化委員が入っています。いくら「みんなが帰ってくる」と素朴な願いが子ども側にあったにせよ、計画を具体化し、参加を促したのは大人で、動員行為に他なりません。未来学園は、福島県で初のスーパー・グローバル・ハイスクールと称して、校歌は谷川俊太郎さんの作詞、制服はＡＫＢ48の衣装デザイナーによるもの。こういう人たちは純粋に「なにか支援したい」という気持ちに動かされてのことにちがいありませんが、原発の三〇キロ圏内に設立されたこの高校がほんとうに福島の若者の幸せとつながるのか、しっかり考えていただきたいです。

「復興」の呼び掛けは子どもの健康を案じる親にとってとくに複雑なものです。汚染された地に暮らし続けざるを得ないのであれば、ときには汚染のすくないところでのびのびさせ、安心できるものを食べさせたいと願うのは当然でしょう。チェルノブイリ原発事故の後、子どもたちを一時期預かって保養させる試みが日本を含め、世界各地でみられました。福島の原発災害が起きて、おなじ企画が日本で立ち上げられるのも当然ですが、原発の安全神話に取って代わって被ばく安全神話が広められるなか、「保養」という言葉がタブー視されるようになってしまいました。近所の目を盗みながら旅に出るか、諦めるか。給食には地産地消が実施される。これも本来いいことなのですが、きちんと安全が確認されたかどうか、口に出せるかは別として、親にとってはどうしても不安です。言葉のタブー化は自己規制の蔓延を促進するもので、帰還政策が進められるなか、この傾向はますます強化されそうです。上からの圧力だけでなく、おなじく悩み、苦しむ者が不安を生み出す地から逃れるのではなく、不安そのものから逃れるため、周りの表現も規制してしまう、なんとも悲しい側面があります。被害者が、自らの被害者性を否定する、自己疎外の作用だと考えます。

福島の地に暮らし続けることのリスクを否定せず、残ることを決めた人々をていねいに描いたのが鎌仲ひとみ監督の『小さき声のカノン——選択する人々』です。「引用・参考文献」リストの⑨にあげましたので、ぜひとも機会を見つけてご覧になってください。むずかしい選択に迫られたとき、なにが支えになるのか、映画は福島県の中通りにある二本松市に暮らす母親と子どもたちを中心に探っていきます。どうじに、チェルノブイリ災害から二六年目のベラルーシの母や子どもを捉えることによって、政策の大きな違いと双方が直面する問題の質に明かりを照らしています。

ついでに⑨にあげておいた『内部被ばくを生き抜く』ですが、3・11を受けて鎌仲さんが急きょつくった作品です。『小さき声のカノン』と重なる部分もありますが、古い方の作品を、シカゴ大学の卒業生が自分の学生に見せたところ、反応が二通りに分かれたそうです。半分は、これはたいへんな状況だ、すぐどうにかしなければならない、と。残りもこれはたいへん、いや、たいへんすぎてどうにもならない気がする。だから、もう考えたくない、と。当事者も多かれ少なかれ、このように反応が割れるのではないでしょうか。しかし、「フクシマ」と化した地に暮らす人がいくら「考えまい」と決心しても、それを妨げる大小の刺激に晒《さら》されないですむはずもありません。

ご承知のとおり、声を上げ続けてきた人たちもたくさんいます。そのなかで特筆したいのは福島原発告訴団です。二〇一一年九月一九日、東京の明治公園で開催された「さようなら原発」集会(鎌田慧編『さようなら原発』岩波ブックレット824参照)のスピーチで全国の人のこころをつかんだ武藤類子《むとうるいこ》さんが率いる告訴団のなみなみならぬ信念と努力の結果、東電の元幹部三人の強制起訴が決定しました。もともとは福島地方検察庁に受理された告訴が、安倍首相のオリンピック招致成功の発表直前に東京地検に廻されてしまったことを覚えていらっしゃる方もおられるでしょう。いずれにせよ、検察は起訴を拒み続けたため、市民らで構成する「検察審査会」の二度の起訴議決をもとに、二〇一七年の夏ごろ刑事裁判が開催されることになりました。福島関連では損害賠償請求など、法廷で繰り広げられる重要な闘いは三〇件ほどありますが、告訴団の要求の特徴は、責任の所在をはっきりさせることです。あれだけの被害がもたらされても、だれも責任を取らない、責任を問われない、という理不尽。「告訴団」の発言には社会的理念の根源にあるべきものが感じられます。例えば、福島地検に告訴したときのこの言葉。

私たちは、彼らに対する告訴を福島地検で行うことを決めました。自分たちも放射能汚染の中で被曝を強要されながら存在しなければならない矛盾、逃れられない厳しい現実を背負う福島の検察官こそ、被害者のひとりとして、子どもを持つ親として、この事故に真摯に向き合うべきだと考えるからです。（福島原発告訴団のホームページより）

この認識のどこが大事なのか。それは、検察官とはいえ、告訴人とおなじもろい肉体をもつ人間に他ならないではないか、と訴えている点にあります。もし、司法に携わる人のみならず、科学技術者、「原子力ムラ」の成員すべてがこの原点に立ち返ることができたら、なんと世の中はちがってくるでしょう。

⑩にあげたのは告訴人五〇名の陳述書です。七歳から八七歳まで、年齢順に、自らの体験と思いを書き表したものが並べられています。いま読んでもちっとも古く感じることはありません。ついでに、私が関わった英訳もあげておきます。原書刊行後の武藤さんの「あとがき」二篇などが追加されています。原書と合わせて、英語の教材になる、とある読者が言ってくださいました。

先ほど、福島原発災害に戦後七〇年の問題が凝縮されている、と申し上げました。告訴団の陳述書のいくつかは、原発災害の責任問題を葬り去ろうとすることは戦争責任を曖昧にしてきたことに相通ずる、と指摘しています。戦後しばらく、日本の「無責任体制」がよく語られました。こうした無責任体制と、小泉純一郎首相の時代から言いはやされるようになった「自己責任」。この二つは巧妙にも一体をなしているのではないでしょうか。国、行政、大企業は「無責任」ですまされる。しかし、「自主避難」を余儀なくされた人たちは「自己責任」を突き付けられる。そして、この権力側の「無責任」、一般市民の「自己責任」体制は、戦争法であれ、基地問題であれ、原発再稼働であれ、地域で声を上げることを困難にする枠組みを支えているのです。「戦争法案」に反対するとき、国会前のデモに参加はできても地域の商店街では無理、という類いの意見を度々聞いています。

しかし、とにもかくにも、人々が結集して声を上げてきたのも戦後七〇年の争われぬ歴史です。

6 歴史と向きあうとは？――「従軍慰安婦」問題と学問・報道・言論の自由

今日の会場は札幌で、ここ二年ほど内外で話題になっている北星学園大学の所在地でもあり、同大学の非常勤講師、元「朝日新聞」記者・植村隆さんも参加されています。北星学園と植村さんをとおして問われている「従軍慰安婦」問題は今日的な問題なので、みなさんと一緒に考えたいと思います。

ご存知の方も多いかと思いますが、もう四半世紀も前に、当時「朝日新聞」の記者だった植村隆さんは、元「従軍慰安婦」の女性が初めてカミングアウトしたことを報じたため、史実としての「従軍慰安婦」制度――つまり、日本軍の関与と強制性――を否定する勢力によって、ここ一、二年、際だった迫害を受けてきました(この経緯については⑪が詳しい)。例えば、神戸の大学への転職が決まっていたのがボツになり、二〇一四年には北星学園非常勤講師の職も危うくなってしまいました。北星学園とはほかでもない、戦後五〇年に当たる一九九五年に「戦争で、アジアの人々に与えた多くの被害・苦しみを痛感」することを明記した、優れた「平和宣言」を発表した大学です。植村さんやご家族だけでなく、北星学園にも攻撃の矛先が向けられたとき、全国から支援の声が上がり、とりあえず植村さんの非常勤講師としてのポストは確保されました。市民と北星学園がともに信念に基づいて、勇気をふるい、だいじな歴史のいちページを残してくれたと思います。

しかし、ことはこれで解決したわけではありません。植村さんが北星学園で教鞭をとることによって、大学は巨額な警備費を背負うことになってしまいました。とても一教育機関が負担できるものではなく、またすべきものでもありません。犯罪に他ならない脅迫行為を前にして、なぜ北海道警察がもっと積極的に動かないのでしょう。日本の警察は有能です。公安もあります。なぜ犯人が捕まらないのか、不思議でなりません。

あらためて、植村さんの契約更新が危ぶまれています（結局、二〇一六年度は、植村さんは韓国カトリック大学校の客員教員になることが決まりました）。警備費の問題が引き続き深刻です。植村さんと北星学園の件が示してくれるのは、理念を維持するにも金銭的基盤の如何が決定的になりかねない、ということです。警備強化を要請し、北星学園を苦しい立場に追い込む警察当局とその背後にある権力が恨めしいです。しかし、それだけではありません。とくに気になるのは学内で聞こえる「平穏を取り戻したい」という意見です（長谷川綾、『週刊金曜日』二〇一五年九月四日号）。たしかに、これは私たちだれもが理解しうる心情です。ただ、すでにお話ししたように皮肉なもので、私たちはこの平穏が脅かされないかぎり、ほとんど無頓着で、むしろ「退屈」と感じることが多いようです。北星学園の件が私たちに教えてくれたこととは、日常の平穏を支える仕組みと価値観は、まさしく平穏が脅かされ、取り戻そうとしたときに顕在化するものだ、と。平穏の条件を観《み》ずに、ひたすら望むことは「逆さまの全体主義」を支える願望になりかねません。そして「逆さまの全体主義」がいかにたやすく逆さまではなく「正規」の全体主義に転換しうるか、北星学園の例は鮮やかに示しています。

想起するのは、ドイツの牧師で反ナチ運動家のマルティン・ニーメラーの言葉です。ナチスが最初、共産主義者を攻撃したとき、私は声を上げなかった。共産主義者ではないから。つぎに社会民主党。労働組合。ユダヤ人。自分の番になったときには声を上げる人がだれも残っていなかった。原文は残っていないようですが、こうした内容をニーメラーはスピーチで繰り返したのです。⑫に挙げたのはフランスの作家・フランク・パヴロフの『茶色の朝』という作品で、こうした成り行きを絵本に仕立てています。フランスでは二〇〇三年のベストセラーになり、日本語にも訳されています。犬の話という設定で、徐々に生き残れるのは毛皮が茶色の犬だけ、というストーリーです。非常勤講師にすぎない植村さんのために、常勤の教員や学生の平穏が侵されるのは不当ではないか、という考え方の危うさを痛感させる内容です。

もういちど、北星学園大学の「平和宣言」に戻ってみましょう。大学のホームページによると「宣言」の背後をこう説明しています。

> キリスト教主義教育をその基礎に置く本学園は、隣人への愛と奉仕によりこの社会に平和を実現する行為を尊ぶとともに、人間の罪の問題も深く問わねばならない、ということをその教育の姿勢としています。その姿勢を戦後五〇年という、節目の年に明確に表したいという強い祈りと願い、そして新しい時代の平和を創る学園としての出発をするために、一九九五年、北星学園は『平和宣言』を発表いたしました。

こうした決意を世に出したことに対して、いつになっても敬服します。九〇年代の前半には日本の加害行為にスポットを当てた戦争体験の検証がさかんに行われ、「宣言」に至る背景にそうした動きが具体的に意識されていた、と考えられます。九五年から多くの年月が流れ、保守勢力が勢いづくなか、慰安婦問題が以前にも増して激しく浮上したわけです。こうした具体的な二一世紀の試練は「宣言」発表当時は想像されていなかったでしょう。「平和」の遵守《じゅんしゅ》も、「表現」の、「報道」の、「学問」の「自由」もそれぞれ歴史的な体験から生まれた価値観です。抽象的な概念——価値や理念——の背後には必ず具体的な体験の積み重ねがあるはずです。この抽象性は必然的であり、全般性を意味していると考えます。例えば、人権にしても、この人の人権は守られるべきだけれど、あの人はそれに値しない、などといっていたら「人権」概念そのものが成り立ちません。ある理念にコミットすることはそれ自体抽象的な行為です。具体的に試されることはないかもしれませんが、今回のように、ことさら難しい形で試される場合もあるのです。そういうとき、私たちはほとんどはじめて、平和の遵守や言論その他の自由がどういう意味を孕むのか、気付かされることになるのです。理念を大事にするとは、抽象の領域と実社会の間を繰りかえし往復することを要するのです。

つまり、今回の問題の打開には、「従軍慰安婦」の歴史と現在を避けて通ることはできないのです。この間、状況に迫られ、「報道の自由」や「学問の自由」を掲げ、植村さんの契約更新と北星学園の負担に人々の関心が集中しました。それは当然のことです。植村さんとご家族の身の安全、植村さんの「生活と生命」を優先させることが人の道です。その過程で出会ったさまざまな体験を踏まえて、もういちど「従軍慰安婦」問題を視野の中心に据えるときがきているのではないでしょうか。それは北星学園のみなさんにとっても、「平和宣言」の再確認の機会になるのではないでしょうか。もちろん、「学問の自由」や「報道の自由」に対する意識も充実することが期待されます。

7　アジアからの解放の神学へ

この講演にお招きくださる際、北海道宗平協・理事長の殿平善彦《とのひらよしひこ》さんはメールにこう書いてこられました。

　人は平和にどんな貢献が可能なのか、思いをお話しくださいイスラムの現実を含めて、宗教と世界は様々な困難と可能性のなかにあるのではないでしょうか。世界はあらゆるものが国境を越え乍ら、政治はお互いの壁を益々高くしている矛盾のなかにいるように思います。東アジアはその矛盾が集中しているのではないでしょうか。日本は危機的です。この壁を越えたいと願っています。そのための知恵を磨きたい。その話を伝えて下さい。

　今日のお話は、こうしたご要望にお応えしているとは言いがたい内容です。私には宗教を語ることはほとんどできないのですが、せっかくの機会ですから宗教に抱く希望についてひとこと触れたいと思います。とにもかくにも、宗教は生と死、人間にとっていちばん根源的なことがらに携わるのが最大の存在理由でしょう。しかし、世界史を引き合いに出すまでもないのですが、宗教は時の権力から自由であるとは限らず、区別すらつかない例がいくらでもあります。それでも、強力な抵抗の可能性を孕んでいます。近現代の世界で、資本主義とは一線を画す価値観を提示できるのも宗教です。中身は反動的でも革新的でもあり得るのですが、とにかくそうした可能性を保持している。ローマ法王フランシスコに寄せられる期待は、人間の生命と生活の双方を重んじ、地球全体の存続を深刻に、具体的に気遣う姿に由来するのでしょう。世の施政者への信頼が瀕死の状態にあるなかの人気でもあります。

余談ですが、宗教には欠かせない儀礼と特殊な装束について、素人の考えをひとこと。儀礼も装束も宗教特有のまやかしの道具として捉え得る一方、宗教特有の可能性を凝縮したシンボルでもあります。この世にありながら、この世とちがった価値の象徴。儀礼の場合はだれもが特別な時空を体験することによって、日常では見失われがちなものを短時間であれ、取り返し得るのです。装束を身につけることで、宗教者はその時空をシグナルすることができます。ときにはふつうの人が入れないところ、リスクが高いところに身を置くこともできます。衣を纏《まと》った僧侶の抵抗の姿は私たちのこころをつよく打ちます。また、宗教者が殺害されると、一入《ひとしお》ショックを覚えます。言い替えれば、宗教者に危害を加えることは加害者にとってリスクを孕むのです。

ローマ法王やダライラマのようにひときわ日立つ宗教者の影響力は特殊なものですが、全くちがった、身近なところで同じく掛け替えのない仕事を続ける宗教者は数多くおられます。このたび、殿平さんの『遺骨　語りかける命の痕跡』(かもがわ出版　二〇一三年)という御著書を読み、歴史と向き合うことがどういう形を取り得るか、見せていただきました。戦時中の強制連行・強制労働に倒れた中国人、朝鮮人、そしてタコ部屋労働者の遺骨を掘り起こし、ていねいに祀《まつ》り、そしてできるかぎり遺族を探し出し、遺骨を届けるという長きにわたる試みが描かれています。遺族にお骨を届けるのが理想的な結末でしょうが、それが適《かな》わない多くの場合にもこのプロセス自体の大切さが痛感されます。人の死を重んじるからこそ命をいろいろな形で支え合うコミュニティーが生まれてくる。歴史と向き合おうとする努力は今までよりはるかに自覚的に現在と向き合うことを促すものです。そういうことをこの一冊から学びました。

『遺骨』に描かれたプロセスはいまでも続いています。九月には一一五人分の遺骨が韓国へ奉還されました。これは過去の不正に出会い、それを取り返しのつかないものと認識し、償いの行為を模索するものに思えます。ここで、ひとつ飛躍をお許しください。宗教者の立場から不正と真っ向から向きあい、闘おうとした例として、「解放の神学」があります。発祥は一九五〇年代の南米、といわれていますが、一時期は世界各地に広がりました。カトリック教会は、長い歴史のなかで権力そのものでもありましたが、そこから生まれた抵抗の思想と実践が「解放の神学」です。貧乏人の側に立ち、植民地支配を批判しながら、キリストの教えを司祭たちは解釈しました。この世の生活基盤を宗教の課題として捉えたのです。

今日、みなさんにご紹介したいのは「解放の神学」のはじまりから関わり続けてきたブラジル出身の神学者レオナルド・ボフという人です。哲学者でも作家でもある彼は、言動が「政治的」、「マルクス主義的」と批判され、⑬にあげた著書について、前ローマ法王ベネディクト一六世（当時はラッツィンガー枢機卿）によって一年間、沈黙に処せられました。結局、ボフは司祭職とフランシスコ会を離れることになります。

なぜボフを持ち出すか、というと「貧困の反対」の定義があまりにも示唆的だからです。彼が言うには、「貧困の反対は富ではなく、正義だ」。実在する富を公平に再分配すれば事足りる、と考える人が多いかもしれません。貧困に注視した解放の神学にとっても、富の再分配は課題のひとつにちがいありません。しかし、それだけでは貧困の克服を意味しません。それには本質的な価値観の転換とそれに基づいた基盤が必要ではないか、とボフの言葉は問うているのです。憲法九条を重んじる私たちにとっても示唆的ではないでしょうか。「戦争の反対は平和ではなく、正義である」、と言い替えたらどうでしょう。もちろん、「復讐」の意味での正義を言いたいのではありません。平和の内容が問題なのです。国が参戦していなければ平和、というのではなく、もっと積極的な平和を実現したいではないですか。もういちど黒島伝治の言葉を思い浮かべてください。「資本主義的平和は、その実質を見ると、次の戦争への準備に過ぎないのである」。これは九条を語るとき、憲法第三章に明記されている信教や学問の自由、「侵すことのできない永久」の人権、夫婦の同等や「健康で文化的な最低限度の生活」などの権利といかに地続きであるか、いや、そうあるべきか、を意識する訓練をも意味しています。

もう一〇年前になりますが、キューバを訪れる機会を得ました。今後はアメリカと国交が正常化して、キューバはアメリカ人にとっても訪問しやすくなることでしょう。当時はかなりたいへんで、大学をとおした、宗教者団体の枠で訪問が実現しました。受け入れ先はハバナ市のマーティン・ルーサー・キングセンターでした。周知の通り、マーティン・ルーサー・キングはプロテスタントの牧師でした。そのセンターに集う人たちは「解放の神学」とはカトリックのものだけであるはずはない。プロテスタントの自分たちも必要としている。したがってプロテスタントの「解放の神学」を構築しようではないか、とはじめたそうです。オープンでリラックスしたなか、刺激的雰囲気が漂う施設でした。書籍のタイトルを見ると、エコロジー、フェミニズム、高齢者の問題が関連づけて論議されてきたことがわかります。食堂では極々新鮮な野菜や果物が豊富に出されました。ソ連崩壊後、アメリカの厳しい封鎖が続くなか、国の絶滅に瀕したキューバは、化学肥料や殺虫剤を放棄し、ハバナのような大都市も自給自足体制を実現したのです。そうした状況でキューバのプロテスタント信徒による「解放の神学」は育成されたのです。

さきほどご紹介した殿平さんからのメールには、東アジアに世界の困難と矛盾が集中しているのではないか、とありました。もし、そうだとしたら、その状況をどうしたら可能性の方向にひっぱっていけるのか。それが課題ではないでしょうか。乱暴な言い方で恐縮ですが、たとえば、アジアからの「解放の神学」とはありえないものでしょうか。そういう枠組みを設定したら、アジア全体に向ける視線はどうなるでしょうか。日本が直面している問題——沖縄であれ、原発であれ、「従軍慰安婦」や領土問題等々——はどう見えてくるでしょうか。また、他のアジアの地域からどう見えてくるでしょう。今までとはちがったつながりと新鮮な行動が生まれてくる可能性はないでしょうか。

福島原発災害にはじまり、安保関連法案に直面して、人々はひさびさに数多く、公の場に姿を現すようになりました。その姿はなんと晴れ晴れとしたものでしょう。抵抗すること自体の喜びを見せてくれました。しかし、持続させるのはなかなか困難です。現実を変えるのはやはり無理ではないか、と落胆してしまいます。震災の前年に亡くなった井上ひさしさんの最後の作品、小林多喜二を主人公に仕立てた『組曲虐殺』の中で、多喜二の台詞《せりふ》として「絶望するには、いい人が多すぎる。希望を持つには、悪いやつが多すぎる」とあります。そして「なにか綱のようなものを担いで、絶望から希望へ橋渡しをする人がいないだろうか」と続きます。この綱には行動と思想と感性が縒《よ》られていなければなりません。それを仮に「アジアからの解放の神学」と捉えてみたいのです。

諦めるには本当にいい人が多すぎます。これから生まれてくる子どももいます。希望を支えるものをともに育んでいきましょう。

ご静聴ありがとうございました。

＊これは二〇一五年一一月七日の講演を大幅に加筆・訂正したものです。テープ起こししてくださった長谷川綾《はせがわあや》さんにこころからお礼を申し上げます。

引用・参考文献

①ノーマ・フィールド「あれから二十年余　浦部頼子さん」『天皇の逝く国で　増補版』大島かおり訳、みすず書房　二〇一一年。
②シェルドン・ウォーリン　Sheldon Wolin「逆さまの全体主義」（逆・全体主義、反転した全体主義とも）。米ネイション誌二〇〇三年五月一九日号の中野直樹によるネット上の訳。『世界』同年八月号にも別訳。『政治とビジョン　増補版』福村出版　二〇〇七年。
③黒島伝治『反戦文学論』一九二九年。インターネット青空文庫収録。一部英訳が Heather Bowen-Struyk, Norma Field eds., ***For Dignity, Justice, and Revolution: An Anthology of Japanese Proletarian Literature*** (University of Chicago Press, 2016) に収録。
④赤木智弘『若者を見殺しにする国　私を戦争に向かわせるものは何か』双風舎　二〇〇七年。「けっきょく、「自己責任」ですか　続「丸山眞男をひっぱたきたい」「応答」を読んで」『論座』二〇〇七年六月号（インターネット）。
⑤下嶋哲朗『平和は「退屈」ですか――元ひめゆり学徒と若者たちの五〇〇日』岩波現代文庫　二〇一五年（「一〇年後」を付して）。
⑥横湯園子「不登校・登校拒否、その歴史と現在――再び問わねばならないその意味」『教育臨床心理学愛・いやし・人権そして恢復』東京大学出版会　二〇〇二年。『魂への旅路　戦災から震災へ』岩波書店　二〇一四年。
⑦『朝日新聞』戦後七〇年特集「封印された「戦争神経症」」（国立国府台病院の話）二〇一五年八月一八

日。

⑧『東京新聞』「九条タグ着用　国会、議院会館への入館×」二〇一五年一〇月七日。

⑨鎌仲ひとみ『内部被ばくを生き抜く』(DVD販売)二〇一二年。『小さき声のカノン——選択する人々』二〇一五年。メールマガジンの「カマレポ」もお勧め。

⑩福島原発告訴団編　『これでも罪を問えないのですか！　福島原発告訴団五〇人の陳述書』金曜日　二〇一三年。英訳電子書籍 *Fukushima Radiation: Will You Still Say No Crime Was Committed?*（アマゾン)二〇一五年。

⑪植村隆「売国報道に反論する　従軍慰安婦問題　「捏造記者」と呼ばれて」『文藝春秋』新年特大号　二〇一五年。

⑫フランク・パヴロフ　Franck Pavloff『茶色の朝』藤本一勇訳、ヴィンセント・ギャロ絵、高橋哲哉メッセージ、大月書店　二〇〇三年。

⑬レオナルド・ボフ　Leornard Boff『教会、カリスマと権力』石井健吾、伊能哲大共訳、エンデルレ書店　一九八七年。

届けたい言葉――宗平協ブックレット発刊(二〇一六年一一月一日)に寄せて

ノーマ・フィールドさんに会うのを楽しみにしていた。過去に二度、講演を聞き、小さな出会いをいただいた。でも、それはすれ違いに近くて、出会ったとは言えない。

あう、という漢字はいくつかある。会う、合う、遭う、逢うなど。偶然の出逢いもあれば何かを目的とした出会いもある。その中で、求めて、確かに出あうことを値遇《ちぐう》という。値遇は仏教の言葉であり、仏法との確かな出会いを値遇と呼ぶ。仏とは真理であり、仏法とは真理を指し示す指である。ノーマさんとの出会いは彼女の言葉とともに彼女の人に出会うことであり、私にとって、値遇と呼ぶのにふさわしいものであった。

ノーマさんの講演は二〇一五年一一月七日、札幌市のテレビ塔の横に建つ札幌北光《ほっこう》教会で行われた。二〇一五年に結成五〇周年を迎えた北海道宗教者平和協議会の記念行事にノーマさんをお招きしてお話を聞いたのだ。

記念講演がなぜノーマさんなのか。さしたる理屈はない。彼女の話を聞きたいと衆議一決したというところだ。

北海道宗平協のみなさんがノーマさんを知っていたわけではない。五〇周年記念事業を計画する会議を開いたとき、ノーマさんを推薦すると、メンバーの中には少し怪訝《けげん》な表情をした人もいた。名前だけは知っているけれどもとか、初めて聞く名前だと言う人もいた。そこで、岩波新書の『小林多喜二――二一世紀にどう読むか』を薦めた。次の集まりの時、みんなが彼女を呼ぶことに賛成した。新書は見事な説得力だった。

彼女の住まいはアメリカのシカゴだ。どうやってコンタクトをとるのか、旅費は工面できるのか。児童文学者の加藤多一《かとうたいち》さんと小樽の方々が間に入ってくれて連絡がついた。快く私たちの集まりに来てくれることを承諾してくれた彼女は、旅費があまりに高いと言って恐縮するのだったが、私たちの力量にはそれぐらいの応援者はいるのだ。

当日の参加者は、二〇〇人を超えた。我が宗平協にとっては、歴史的な集まりだった。

宗教者平和協議会とは、様々な宗教を信じ、あるいは行じている人が、平和を守り、育てることを目的に、宗教、宗派の違いを越えて集まる集団である。会場の札幌北光教会はプロテスタント教会だ。開会式では仏教僧侶が十字架を背にお経を読み、仏教賛歌が唄われ、キリスト者による讃美歌の合唱やパイプオルガンの演奏もあった。

私が開会のあいさつをした。ノーマさんの講演が始まった。小さな秘密を明かすが、私は一昨年、オーストラリアで怪我をして、片耳が聞こえなくなった。耳鳴りもする。彼女の講演は、場内の音響反射もあって、ほとんど聞き取れなかった。録音機の音もうまく入っていない。がっかりだった。

なんだか、私一人がノーマ講演から置いてきぼりを食った気分だったが、奇跡が起きた。北海道新聞の長谷川綾記者が録音してくれていて、きれいに文字起こしもしてくれた。その原稿にノーマさんが手を入れて、この「ブックレット」の文章になった。

読んでみて、これは皆さんにぜひとも伝えたいと改めて思った。

時代は驚くほどに変化している。昨日まで平気で使っていた言葉が急に使いづらくなる。例えば「強制連行・強制労働」という表現をマスコミはなかなか使わなくなった。「強制」という表現がネット右翼などからの攻撃の対象になってきたのだ。元「日本軍慰安婦」のハルモニをめぐって、あるいは戦時下の朝鮮人労働者をめぐって、「強制などなかった」という言説がネットを飛び交い、時には「電凸《でんとつ》」などという手段で、自治体などを直接攻撃したりするようになった。マスコミにも様々な注文が届くらしい。

ようやく、ヘイトスピーチを規制する法律が国会を通過したが、後ろ向きの時代はすぐには戻らないだろう。

実際、ことを起こしているのはわずかな人だろうが、それを過大に感じる人も少なくない。政治の主流はあたかもそれを許容するかの如くであり、忖度《そんたく》したり、空気を読もうとすると、いつの間にか声が聞こえなくなる。

こんな時代には、小さな勇気が必要だ。事実を事実として言葉にする勇気だ。彼女の話は、そんな私たちを励ましてくれる。「抵抗する喜び」を教えてくれる。時代は新たな変化を求めている。思いを素直に表現し、平和が確かに語られ、求められる時代を育てたい。

そんなわけで、この「ブックレット」の発行はまさしく時宜にかなうものとなった。

出版にこぎつけられたのは、文字を起こして下さった長谷川綾さんはもちろん、事務局長である相馬《そうま》述之《のぶゆき》さんの尽力があった。また、編集と校正、装丁にいたるまで忙しいなか須田《すだ》照生《てるお》さんが引き受けて下さったおかげである。表紙には、西英寺住職宮川秀憲《みやかわしゅうけん》さんの写真を使わせていただいた。記してお礼申し上げたい。

この「ブックレット」が世の多くの人々に届けられることを心から願っている。

二〇一六年一〇月

北海道宗教者平和協議会
理事長　殿平善彦

あとがき

北海道宗教者平和協議会のお招きで講演のため、札幌を訪れたのは二〇一五年一一月。講演が宗平協ブックレットとなったのが翌年の一一月。いずれのときも世の中、これ以上ひどくなれるのか、と悲観した記憶がある。いまとなっては、当時の状況がほとんど牧歌的に思えてしまう。

もちろん、牧歌的でもなんでもなかった。トランプ政権が発足して二年目。この凄まじい現実の種は二年まえ、五年、一〇年まえにも、それ以前にすでに蒔《ま》かれていた。ただ、種が芽を出し、枝葉を付けたかと思うといきなり大木になってしまったかのように、二年、三年まえに案じていたことが瞬く間に現実となってしまったのだ。いや、植物のイメージでは後から後から押し寄せてくる衝撃はとうてい捉えきれない。「逆さま」だった全体主義が突如として足を地に着け、牙をむき出し、こちらを振り返ったのだ。

少しばかりアメリカの現状に焦点を当てることをお許しいただきたい。アメリカ帝国がいまなお世界に占める位置を思えば、異例な現政権の意義は容易に理解されよう。そして、「帝国」といえば国外の侵略・支配行為を先ずは想起するが、国内でも移民やマイノリティーの弾圧に目を疑うものがある。本音と建て前の使い分けなどめんどうなパフォーマンスは省き、暴力的差別を誇らしげに正当化し、幼児の収容や付き添いなしの出廷まで厭《いと》わぬ移民・亡命者の家族引き裂き政策を遂行し、「不正」を叫び、あの手この手でマイノリティーを中心に選挙権略奪に努力を惜しまない。権力の甘さに味を占めた与党・共和党は恥も外聞もなく、歯止めをかける構えは一切見受けられない。白人低所得層の利益には決してならない経済政策が判然としたら支持率も下がるだろう、という計算も見事に外れてしまった。最近(二〇一八年九月現在)報告された調査によると、好景気が称賛されるなか、国民の四〇パーセントが衣食住・医療・水道光熱費のいずれかを賄えない状況におかれているのだが。

「ファシズム」という言葉の適用には慎重でありたい。でも、独裁者の顔をいつまでも見定めないのも怠惰と臆病の為せる技ではないか。そんなことを思いはじめたころ、フランスの作家・政治活動家ジャン・ジュネが一九七〇年にアメリカで行った演説の言葉に出会った。アメリカの黒人にとってファシズムはすでに現実なのだ、と主張している。はっとさせられた。警察官による黒人、とくに若い男性、の銃殺事件は後を絶たないではないか。ファシズムは一時に社会を均等に覆うのではない。言い換えれば、全体主義は「逆さま」な姿とそれを正したものが重なることで、勢力を増していくのではないか。そして、余裕を持つ、油断が許される立場のものは手遅れになるまで油断し続ける。

でも、決して忘れてはならないことがある。「逆さま」の全体主義にはまだまだ抵抗の余地がある、非暴力の。道が次々と塞がれるなか、別の道を探す人たちが必ずいる。トランプのアメリカでも、いや、だからこそ、現実を見据え、選挙に挑む。高校生もだ。地方自治を活かす。化石燃料から投資撤退を要求する。組合を立ち上げる。もう何十年も組合が減少の一途を辿《たど》っていたのに。その復活が脅威であることは法令で取り締まろうと躍起になる姿。こてんぱんにやっつけられた憲法九条をまだ攻撃しようとする勢力が九条の意義を証明しているように。まだまだ試練が待ち受けているにちがいない。非暴力直接行動(カウンター)も必要だろう。ストライキもその内に入る。しぶとくありたい。勇気も欲しい。あぁ、なんと勇気が欲しいか。

さて、日本における「逆さまの全体主義」はどうなっているのだろう。思えば、福島核災害はほとんど完璧に「逆さまの全体主義」を体現しているではないか。繰りかえし指摘されることだが、放射能は五感で察知できない。しかし気が遠くなるスパンで人と社会と自然環境を侵食し続ける。そこから目を逸《そ》らさせ、あるいは積極的に被ばくしても大したことはない、と考えさせるには、飴も鞭も必要だ。「復興」。「希望」。「未来」。この三点セットは「絆」に支えられ、オリンピックで頂点を極めるのだ。それに反して不安や疑問は「風評被害」につながり、福島差別に加担することに他ならない。「避難」者のように、汚染への不安を身を以て表現し、「逃げた」卑怯者は指さされても当然。それは帰還困難区域解除や住宅支援打ち切り、延いては汚染水放出の環境整備の一環でもある。

なんと理不尽で過酷な仕組みだろう。どうしたらこの息苦しさを打開できるだろう。二〇一五年の講演で解放の神学者レオナルド・ボフの「貧困の反対は富ではなく、正義だ」とする発想を紹介したが、この思考パターンはいろいろ活用できそうだ。「アディクション(依存症)の反対は繋がり」、というふうに。すると「絶望」の反対は希望ではなく、むしろ「抵抗」ではないだろうか。陳腐な発想かもしれないが、陳腐だからといって理がないとは決まらない。

福島の原発災害に関していえば、抵抗もいろいろな形をとってきたが、最低限「何もなかった」ことにされまいという闘いではないか。放射能は見えないのに、汚染された地に人を残そう、戻そうとする試みは目に余る「除染」汚物を残してしまう。皮肉なことではないか。それをどうにか処分しなければならない。量からして、先ず問題となるのは土と水。「除染」のように一時的な効果しか期待できない対処法が産出した大量のフレコンバッグに詰められた除染土は「再利用」と称して各地にばらまく。いままでも大量の汚染水漏洩《ろうえい》はあったが、こんどは海洋放出を方針にしようとしている。元々決まっていたことかもしれない。ガレキの全国押しつけが示唆的だ。

目障りのものといえば、二〇一八年の夏に起きた抵抗運動に注目したい。原子力規制庁がリアルタイムで空間線量を測るモニタリングポストの大幅撤去を発表したことに対して、いままで声を上げてこなかった人たち、とくに若い母親が起《た》ち上がったのだ（もう新しい世代が出てきたのも驚きである）。精密さが問われてきたモニタリングポストだが、それすらなくなったら、ほんとうに「何もなかった」と思えてしまいそうだ。白くてなんとなく不気味で、復興にとって大いに迷惑な存在に違いない。が、フクイチの廃炉作業は何十年も続くことが予定され、その間、なにが起こるかわからない。台風も地震もある。言うまでもないだろうが、「何もなかった」ことにされることに抗《あらが》うのは、未来の歴史記述を気にしてのことではない。こんどなにかあったら、政府が流す情報をそのまま聞き入れるわけにいくだろうか。将来、健康に異変が起きたらどうしよう。とくに、子どもの健康に。「復興」が描く「未来」とはちがった年月が待ち受けているかもしれない。

この度起ち上がった人たちは自分は活動家ではない、とよく言う。「ふつう」の人なのだ、と。

これは避難した母親からも聴く言葉だ。特別ではなく、「ふつう」のお母さんなのだ、と訴える。損害賠償裁判、刑事裁判に関わっている人たちも人生をひっくり返されてしまった「ふつう」の人ではないだろうか。だからこそ、正義を求めているのではないか。

「活動家」、「運動家」と称されることに多くの人が抵抗を感じるようだ。アメリカの研究者からも「活動家」と思われたら、研究者としてお終《しま》いだ、と聞かされたことがある。「客観性」を欠く、と見なされるからなのか。「中立」であることが「客観性」を保証するのだろうか。それはともかく、なぜ「活動家」には胡散《うさん》臭いイメージが付きまとうのだろう。なぜ「活動家」は「ふつう」の人とは別もの、と私たちは思い込まされてきたのだろう。健康を、命を守ろうとすることは「ふつう」ではないとでも言うのか。そんなの戦時中の心理ではないか。もっと、もっと一般の人が「ふつう」になって、「ふつう」に起ち上がらなければ、全体主義を止めることなどとうてい無理な話。

しかし、ハードルはたかい。そもそも、国に裏切られた、と認めることはたやすいことではない。口にすることができたとしても、周囲にどう観られるだろう。考えても仕方がないことは考えないほうがましだろう。怒りも不安も独りで抱え込むと、矛先を誤りかねない。国や一企業である東電の思惑を代弁し、避難も県民健康調査も批判し、すべてを「風評被害」で片付けようとする専門家に騙されないよう、捻《ねじ》れた理屈を摘発しなければならない。

突然だが、ここで最近のアイルランドからの話題を紹介したい。見過ごすにはもったいない示唆があるからだ。ローマ法王フランシスコの訪問の際にニューヨークタイムズ紙に掲載されたコラムにこんな見出しが付けられていた。「カトリック教会はアイルランドを愛してはいない。しかし、アイルランドの人々は互いを愛し合うことを学んだのだ」。聖職者の児童への性的虐待が明るみに出て、ヨーロッパでも極めて保守的なこの国は、矢継ぎ早に離婚も同性婚も人工中絶も認めるようになった。未婚の母親の搾取労働に象徴される女性蔑視も糾弾されている。現職の首相、レオ・バラッカーの父親はインド出身で、自分はゲイであることをこの座に着く前から公表している。

いわゆる経済成長もアイルランドの脱宗教に大きな役割を担ったに違いないが、組織としての宗教が生活の隅々まで支配していた社会がここまで変わるとは想像しがたかった。権力者(この際は聖職者)の不正、偽りが発覚して、こうも見事に反応できたのだ。この見出しに示された変化、つまり、教会に捨てられた、教会を捨てた人たちがその代わりに互いを「愛し合う」ことを学んだ、とはどこまで実状を反映しているかは判らない。しかし、なんとも心躍る捉え方ではないだろうか。

「愛」、「愛する」は日本語として据《す》わりがわるい。互いを「思いやる」。「大事にする」。一歩踏み込んで、「愛おしむ」。どうじに、なぜ「愛」、love が前記のコラムに欠かせないのか、無視してはならない。互いを愛し合うことがキリスト教の教えの核にあるからだ。権力そのものとなっていた宗教組織が忘れてしまったことを人々が実践を通して取り返そうとしているのではないか。「学び」は「発見」をも意味する。どうすれば国策と原子力ムラの甚大な被害を受けた「ふつう」の人たちが、互いを思いやることに目覚めるか、だ。互いの視線を気にするのに費やしてきたエネルギーが解き放たれ、自分たちを押さえつけてきた勢力に立ち向かう糧《かて》になり得るではないか。まともに怒ることはエネルギーを要する。支えが欲しい。どんな小さな行為、表情一つでも、相手に差し伸べる共感は自分に返ってくる。

夢物語に聞こえるかもしれない。でも、一人ひとりの命、生活、個性が大事にされる社会は夢見てこそ目指すことができるのではないか。つまり、「夢」は道標になるのだ。信仰も権力組織の実態を見抜き、「生きとし生けるもの」の尊厳をとりもどす手立てになり得るのだ。

権力と儲け至上主義に互いを譲るまいと決意することこそ、全体主義に立ち向かう一歩であり、平和の実践でもある。それ以外、なにがあるだろう?

＊＊＊

二〇一五年一一月、北海道宗教者平和協議会五〇周年記念にお招きいただいたことをこの場を借りてあらためてお礼申し上げたい。殿平善彦さんにはその後も大事な学びをいただいている。

この講演をもう一度、さらに厳しい時代に世に送り出す機会を作ってくださった岩波ブックレット編集部にもお礼申し上げる。

二〇一八年九月一三日

シカゴにて

ノーマ・フィールド

ノーマ・フィールド
1947年東京生まれ．1983年プリンストン大学で博士号取得．専門は日本文学．シカゴ大学東アジア学科教授を経て，現在，同大学名誉教授．著書に『天皇の逝く国で』『祖母のくに』『へんな子じゃないもん』『源氏物語，〈あこがれ〉の輝き』(以上，みすず書房)，『小林多喜二――21世紀にどう読むか』(岩波新書)，『ノーマ・フィールドは語る――戦後・文学・希望』(聞き手：岩崎稔・成田龍一，岩波ブックレット)他．

いま、〈平和〉を本気で語るには
――命・自由・歴史
岩波ブックレット 990

2018年12月5日　第1刷発行

著　者　ノーマ・フィールド

発行者　岡本　厚

発行所　株式会社　岩波書店
〒101-8002 東京都千代田区一ツ橋 2-5-5
電話案内 03-5210-4000　営業部 03-5210-4111
http://www.iwanami.co.jp/hensyu/booklet/

印刷・製本　法令印刷　　装丁　副田高行　　表紙イラスト　藤原ヒロコ

ISBN 978-4-00-270990-1　　Printed in Japan